아이 스스로
재미있는
색칠놀이

생생한 동물 사진이 컬러링북이 되는

똑똑한 색칠공부

동물

북링크

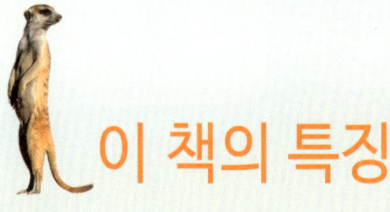# 이 책의 특징

🔍 생생한 사진 속 동물을 보며 자연관찰을 합니다.

자연 속에 있는 생생한 동물 사진을 보며 자연관찰을 할 수 있게 구성했습니다. 동물을 보는 즐거움과 동물 주인공이 이야기해 주는 특징을 읽으며 자연스럽게 동물마다의 특징과 생태 환경에 대해 배웁니다.
자연에 대한 호기심을 품은 아이에게 지식을 키워 줍니다. 바로 옆에서 관찰하듯 생생한 사진을 꼼꼼히 여러 번 살펴보며 색칠공부를 하기 때문에 관찰력이 높아집니다.

색칠공부는 집중력과 예술성을 키웁니다.

색칠공부는 손을 쓰는 소근육 훈련입니다. 소근육 발달은 곧 두뇌를 똑똑하게 합니다. 색연필이나 크레파스를 손에 잡고 색칠을 하면서 자연스럽게 집중력이 높아집니다. 아이에게 색칠공부는 집중력이 높아지는 즐거운 놀이 시간이며 예술성도 함께 크는 시간입니다.
사진으로 관찰한 동물의 색을 똑같이 색칠할 수 있고, 창의력을 발휘하며 다른 색으로 색칠할 수도 있습니다. 색칠로 표현할 때 사자가 꼭 갈색 빛깔이어야만 하는 건 아니니까요. 붉은 사자나 알록달록 카멜레온 같은 사자로 색칠할 수도 있겠죠. 자연관찰을 하고, 색칠공부를 하고 나서 아이와 색칠한 동물에 대해 이야기해 보세요. 아이의 생각이 더 커지는 시간이 됩니다. 아이가 색칠한 그림이 곧 세밀화가 되고 멋진 자연관찰 컬러링북이 완성됩니다.

이 책의 구성

1. 자연관찰

1단계 제목으로 동물 특징 알기

동물의 대표적인 특징으로 제목을 만들었습니다. 제목으로 첫 호기심을 키웁니다.

2단계 사진으로 자연관찰 하기

자연 속에 있는 생생한 동물 사진을 실었습니다. 사진을 보며 자연관찰을 합니다.

3단계 클로즈업 사진과 특징 설명으로 관찰력 높이기

동물 주인공이 특징과 생태 환경을 이야기합니다. 설명과 더불어 특징을 클로즈업한 사진을 실었습니다. 자세히 보며 관찰력을 높여 보세요.

2. 색칠공부

1단계 색칠공부 하기

생생한 사진 속 동물을 색칠공부할 수 있도록 그림으로 만들었습니다. 동물을 색칠하며 관찰력과 집중력, 예술성을 키워 보세요.
색연필이나 크레파스 등 여러 가지 색칠 도구로 세밀한 표현과 거친 표현 등 다양하게 색칠공부해 보세요.

2단계 관찰퀴즈 풀기

자연관찰한 내용을 관찰퀴즈로 풀어 보세요. 맞으면 O, 틀리면 X에 동그라미 쳐 보세요.

차례

사자 • 6

코끼리 • 8

기린 • 10

하마 • 12

코뿔소 • 14

치타 • 16

표범 • 18

얼룩말 • 20

누 • 22

물소 • 24

톰슨가젤 • 26

임팔라 • 28

타조 · 30

홍학 · 32

카멜레온 · 34

미어캣 · 36

낙타 · 38

여우 · 40

독수리 · 42

하이에나 · 44

자칼 · 46

나일악어 · 48

침팬지 · 50

고릴라 · 52

암사자 · 54

사자

으르렁~ 나는 동물의 왕, 사자!

갈기
얼굴 주변에 갈기털이라고 부르는 긴 털이 있어. 두세 살이 되면 생기기 시작해서 점점 짙어져서 날 왕으로 빛나게 해 줘.

털
황갈색 털은 초원 풀색이랑 비슷해서 잘 구분되지 않아. 사냥할 때 좋아.

이빨
송곳니가 뾰족해. 단단한 턱과 날카로운 송곳니로 먹잇감을 물어서 사냥해.

발
발이 크고 두툼해. 날카로운 발톱이 닳지 않게 안에 넣고 다니다가, 싸울 때나 사냥할 때 발톱을 무섭게 세워.

🔍 **관찰퀴즈!** 사자는 발톱을 항상 무섭게 세우고 다녀요. ········ O | X

코끼리 긴 코를 흔들흔들, 큰 귀를 펄럭펄럭~

• 귀
귀가 커. 더울 때는 부채질을 하기도 해. 화가 나면 활짝 펼쳐.

• 엄니
코 양쪽으로 위 앞니가 길게 자라서 밖으로 쑥 나와 있어. 엄니, 상아라고 해.

• 발
발이 아주 크고 넓어서 큰 몸을 지탱해 줘. 앞발가락은 네 개, 뒷발가락은 세 개야. 위험할 때면 발을 쿵쿵 구르고 코를 들고 울부짖어서 친구들에게 알려 줘.

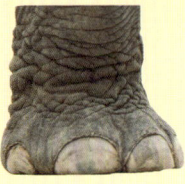

• 코
코가 아주 길쭉하지. 긴 코로 숨을 쉬고, 사람 손처럼 코를 써서 풀을 입으로 가져가 먹어.

🔍 **관찰퀴즈!** 코끼리는 코가 짧아요. ················· O | X

기린

길쭉길쭉 키다리, 그물 무늬 기린.

● 뿔
머리 끝에는 뿔이 나 있어.

● 몸 무늬
몸에 짧은 갈색빛 털이 있고, 흰색 털이 그물 모양 줄무늬로 나 있어.

● 꼬리
꼬리 끝에는 털 술이 있어.

● 키
내 키 크지. 땅 위에 사는 동물 중에서 가장 커. 물을 마실 땐 긴 다리 때문에 다리를 양쪽으로 벌리고 살짝 구부리고 마셔.

🔍 **관찰퀴즈!** 기린은 머리에 뿔이 있어요. ·················· O | X

하마

물 속으로 **풍덩~** 나는 **물이 좋아.**

● 꼬리
커다란 엉덩이에는 쪼그만 꼬리가 있어.

● 피부
나는 물 속에서 지내는 걸 좋아해. 뜨거운 햇볕을 오래 쬐면 피부가 갈라질 수 있어.

● 입
내 입은 정말 커. 누구 입이 큰지 대볼까? 입이 큰 하마가 힘도 쎄다고 생각해서 입을 대면서 힘자랑을 해.

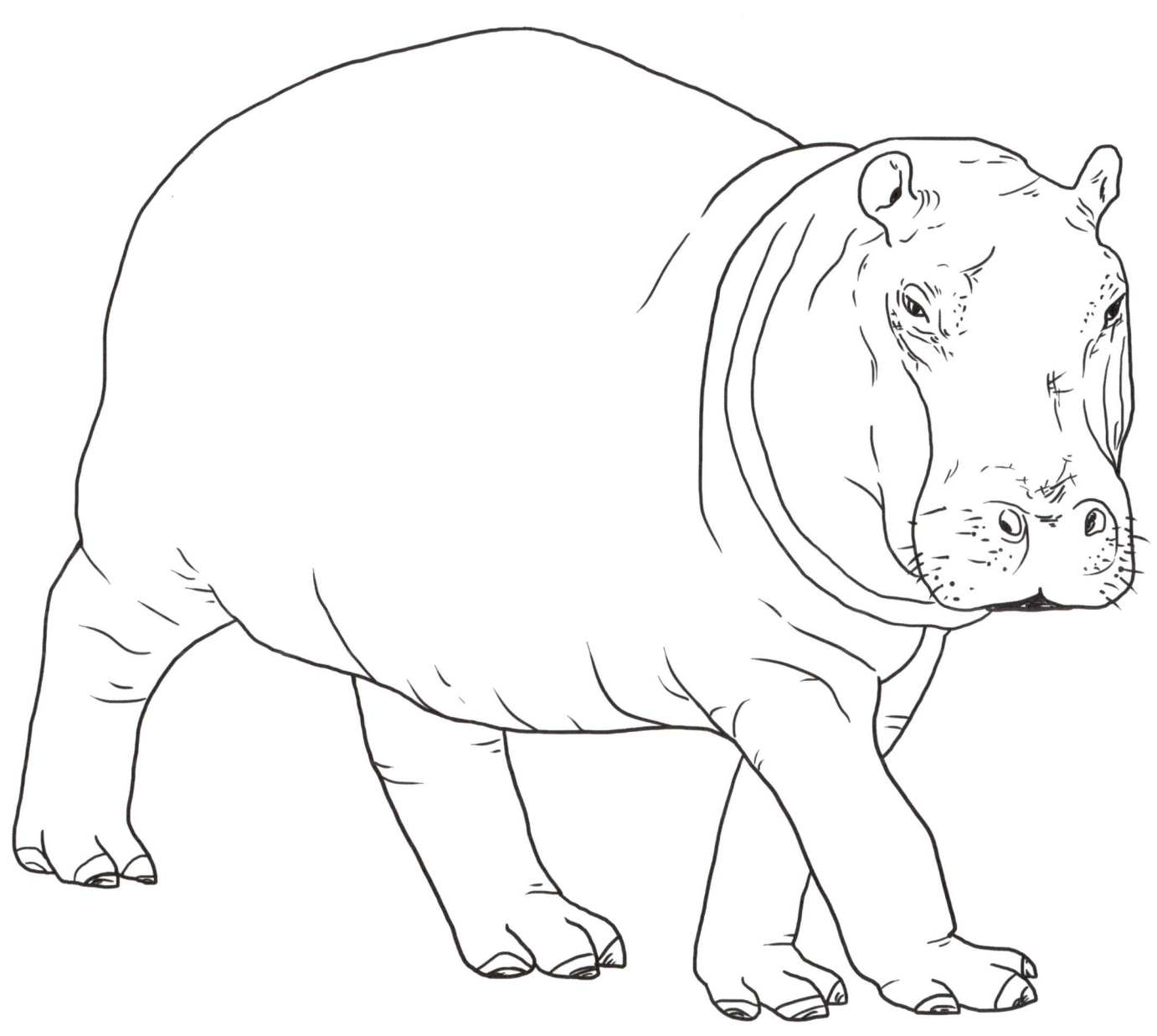

🔍 **관찰퀴즈!** 하마는 엉덩이에 쪼그만 꼬리가 있어요. ················ O | X

코뿔소 화나게 하면 **뿔**로 확 **들이받는다**!

● 피부
피부가 아주 단단하고 튼튼해. 다른 동물이 웬만큼 물어서는 아프지 않아.

● 발
앞발, 뒷발 네발에 굵은 발가락 발굽이 세 개씩 있어.

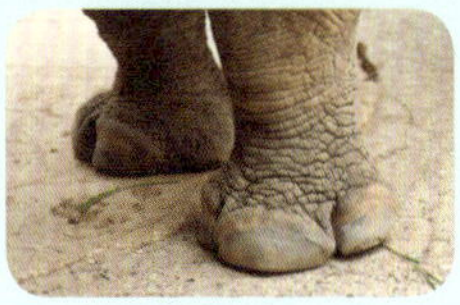

● 뿔
머리 앞 코에 크고 단단한 뿔이 있어. 뿔이 하나인 코뿔소도 있고, 두 개인 코뿔소도 있어. 싸우다가 밑동까지 완전히 부러지기도 하는데 그때는 다시 돋아나.

🔍 **관찰퀴즈!** 코뿔소는 머리 앞 코에 단단한 뿔이 있어요. ·········· O | X

치타 동물 중에서 가장 **빨리 달려!**

• 몸 무늬
몸에 동글동글 점박이 얼룩무늬가 있어.

• 머리
얼굴에 검은 줄무늬 보이니? 눈에서 입꼬리까지 검은 줄무늬가 있어.

• 꼬리 무늬
꼬리 끝에는 반지 같이 동그란 검은 줄무늬가 있어.

• 다리
몸하고 다리가 가늘고 길어서 달리기를 잘해. 동물 중에서 가장 빨리 달려. 당연히 사람보다도 빨리 달리지. 하지만 오래 달릴 수 있는 동물을 사냥할 때는 재빨리 잡아야 해. 난 오래 달리지는 못해.

🔍 **관찰퀴즈!** 치타는 동물 중에서 가장 빨리 달려요. ······ O | X

표범 몸에 예쁜 **매화꽃 무늬**가 있어.

●등 무늬
내 등에는 꽃이 핀 것 같은 무늬가 있어. 매화꽃하고 닮았어. 나하고 치타는 비슷하게 생겼지만, 몸에 무늬를 비교해서 매화꽃 무늬가 있으면 바로 나야.

●무늬
머리하고 네다리, 배에는 작은 점이 있어.

●발톱
발 안에 발톱을 감출 수 있어. 날카로운 발톱이 있어서 나무를 잘 타. 사냥한 먹이도 나무에 갖고 올라가서 먹기를 좋아해.

🔍 **관찰퀴즈!** 표범은 등에 매화꽃 무늬가 있어요. ···································· [O | X]

얼룩말

얼룩무늬는 나를 보호해 줘.

● **갈기**
목 등 쪽에 갈기가 서 있어. 갈기털에도 얼룩무늬가 있어.

● **무늬**
몸에 검고 흰 얼룩무늬가 있어. 털하고 몸 피부까지 얼룩무늬가 있어. 여러 마리가 같이 있으면 줄무늬가 연결되어서 큰 다른 동물처럼 보여. 그래서 사자나 표범이 겁을 먹고 나를 공격하지 못하기도 해. 얼룩무늬가 나를 보호해 주는 거야.

● **발**
따가닥 따가닥! 나는 발굽으로 달려. 발굽은 아주 딱딱한 발톱이야. 한 개의 발가락에 발톱이 있어. 나를 사냥하려는 동물을 튼튼한 발굽으로 뻥 차고 도망가기도 해.

🔍 **관찰퀴즈!** 얼룩말은 털하고 몸 피부까지 얼룩무늬가 있어요. ················· O | X

누

나는 무리를 지어서 지내.

● 갈기
목 등 쪽에 갈기가 있어.

● 몸 무늬
몸에 무늬가 있어. 어깨 양쪽에서 등으로 줄무늬 보이니? 얼룩말 무늬처럼 잘 보이지는 않아서 자세히 봐야 해.

● 뿔
머리에 뿔이 있어. 뿔이 위에서 아래로 구부러진 다음에 다시 위로 올라가. 두 뿔은 머리 안쪽으로 휘어져서 자라.

● 무리 생활
나는 무리를 지어서 지내. 강도 함께 건너. 나를 사냥하려는 동물들을 피해서 무리를 지어서 이동해.

관찰퀴즈! 누는 몸에 무늬가 없어요. ········· O | X

물소

온순해 보이지만, **난폭**한 물소.

뿔
뿔이 안쪽으로 휘어져서 자라.

털
몸에 털이 검은색이어서 검은 물소라고도 해.

귀
귀는 커서 아래로 늘어져 있어. 귀 가장자리에는 털이 나 있어.

무리 생활
물가의 초원에서 무리지어 살아. 낮에는 풀밭에서 쉬고, 해질 무렵부터 밤에 활동해. 온순해 보이지만 나는 성질이 난폭해.

🔍 **관찰퀴즈!** 물소는 머리에 뿔이 곧게 나 있어요. ············ O | X

톰슨가젤 뿔에 돌돌돌 테두리가 있어.

뿔
수컷하고 암컷 모두 뿔이 있어. 뿔에는 돌돌돌 테두리가 있어.

털
등에 난 털은 노란빛이 나는 갈색이야. 배쪽은 흰색 털이고, 등과 배 사이에 털은 짙은 검은색이야. 꼬리 끝도 검은색이야.

머리
얼굴 옆쪽에 짙은 검은빛 반점이 있어.

다리
다리가 가늘고 길어서 빨리 달려. 하늘을 나는 것 같지. 나를 잡아먹으려는 동물들로부터 재빨리 벗어날 수 있어.

관찰퀴즈! 톰슨가젤은 수컷과 암컷 모두 뿔이 있어요. ⋯⋯⋯⋯⋯⋯ O | X

임팔라

나는 **높이뛰기**를 잘해.

●뿔
뿔은 수컷에만 있어. 뿔 길이는 50센티에서 75센티 정도야. 나를 공격하는 동물하고 뿔로 싸우기도 해.

●무늬
엉덩이 양쪽에 검은색 줄무늬가 있어. 뒷다리 아래에는 검은 얼룩무늬가 있어.

●다리
놀랐을 때는 발을 굴러서 3미터 높이까지 뛰어오를 수 있어.

🔍 **관찰퀴즈!** 임팔라는 수컷에만 뿔이 있어요. ················· O | X

타조

나 잡아봐~ 난 **빨리 달려**!

머리
눈이 크고 시력이 좋아. 속눈썹은 길어서 모래나 먼지바람을 막아줘.

몸
나는 새들 중에서 가장 커. 하지만 날지는 못해.

다리
다리가 길고 튼튼해. 근육도 발달해서 빨리, 오래 달릴 수 있어.

발
발가락은 두 개밖에 없어.

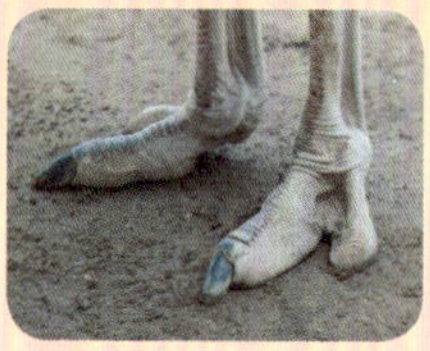

관찰퀴즈! 타조는 날 수 있어요. ·· O | X

홍학

다리와 목이 **길쭉길쭉**해.

머리
얼굴에는 깃털이 없어. 내 입하고 부리는 아래로 굽어 있어. 부리로 먹이를 잡아 먹을 때 먹이와 같이 올라온 물 속 찌꺼기는 부리 가장자리에 있는 여과기로 걸러 내.

발
발가락 사이에 물갈퀴가 있어.

몸
날개를 펼치면 굉장히 커. 다리와 목도 참 길지.

🔍 **관찰퀴즈!** 홍학은 발가락 사이에 물갈퀴가 없어요. ································ O | X

카멜레온 알록달록 색으로 변해라, 얍!

● 눈
대굴대굴. 양쪽 눈을 따로 움직일 수 있어. 동시에 서로 다른 방향을 볼 수 있어.

● 꼬리
긴 꼬리로 나뭇가지를 돌돌 감아서 몸에 균형을 잘 잡을 수 있어.

● 몸
몸에 색을 바꿔서 나를 보호해. 다른 곤충을 잡을 때도 내가 있는지 모르고 가까이 오도록 주변 색에 맞춰 몸 색을 바꿔.

● 혀
먹잇감이 가까이 오면 길고 끈적끈적한 혀를 내밀어 잡아. 혀는 머리와 몸통을 합친 길이보다 길어.

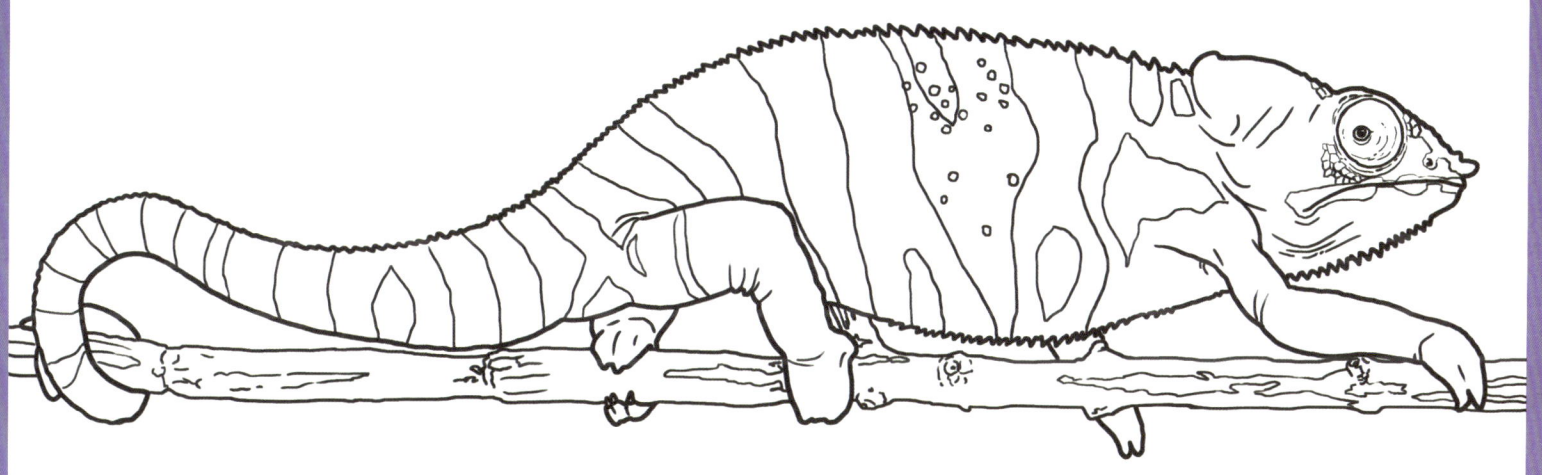

🔍 **관찰퀴즈!** 카멜레온은 끈적끈적한 혀를 내밀어 먹잇감을 잡아먹어요. ……… O | X

미어캣 모두 나란히, 차렷!

● 눈
눈이 까맣고 동글동글해. 눈 주위에 검은 테두리가 있고 검은색 털이 나 있어.

● 털
털은 은빛이 나는 갈색이고 등에 검은 줄무늬가 있어.

● 무리 생활
나는 딱딱하고 돌이 많고 건조한 곳에 굴을 파고, 무리 지어 살아. 낮에는 두 발로 서서 가슴과 배에 햇볕을 쬐어. 서서 주위를 잘 살펴서 사막의 파수꾼이라고 불려.

🔍 **관찰퀴즈!** 미어캣은 낮에는 두 발로 서서 햇볕을 쬐고, 주위도 살펴요. ········ | O | X |

낙타 등에 혹이 커졌다 작아졌다 해.

머리
눈이 좋아서 먼 곳에 있는 오아시스도 잘 찾아. 눈썹이 길고, 귀에는 털이 있어서 모래가 들어오지 않게 막아 줘.

혹
등에 커다란 혹이 있어. 혹 안에는 지방이 들어있어. 몸에 물이 부족하면 지방이 물로 바뀌어서 혹이 점점 작아져. 그래서 나는 물이 없는 사막에서도 잘 살 수 있어.
혹이 하나인 낙타도 있고, 두 개인 낙타도 있어.

코
콧구멍은 길고 가느다란 틈이야. 열고 닫을 수 있어서 모래가 들어오는 걸 막을 수 있어.

발
발이 넓게 생겨서 모래 속으로 빠지지 않아.

🔍 **관찰퀴즈!** 낙타는 발이 좁게 생겨서 모래에 빠질 수 있어요. ········ O | X

여우
케이프 여우

뾰족뾰족 **큰 귀**, 예쁘지.

● **귀**
나는 보통 여우보다 귀가 넓고 커. 큰 귀로 사막에서 받은 열을 몸 밖으로 내보내.

● **꼬리**
꼬리에 털이 많고 길어. 꼬리 끝에 털은 검은색이야.

● **눈**
밤에 활동하길 좋아해서 내 눈은 어두운 밤에도 잘 볼 수 있어.

● **생활**
낮에는 바위 아래나 모래 굴 속에 숨어 있어. 새끼 여우들은 엄마가 사냥해 오길 기다리면서 굴 옆에서 놀기도 하고 지내.

 관찰퀴즈! 여우는 큰 귀로 사막에서 받은 열을 몸 밖으로 내보내요. ············ O | X

독수리

아프리카 흰등 독수리

나는 하늘의 왕, 독수리!

● **머리, 목**
머리하고 목에는 깃털이 없고 검은 피부가 나와 있어. 목에 목도리를 한 것처럼 아래에 흰색 털이 나 있어.

● **날개**
날개는 길고 넓어. 날개 깃털 색은 검은 갈색이고, 꽁지 깃털은 검은색이야.

● **부리**
부리는 갈고리 모양으로 단단하고 검은색이야.

● **발톱**
발톱도 부리처럼 날카로워. 하늘을 날다가 사냥감이 보이면 낚아챌 수 있어.

🔍 **관찰퀴즈!** 독수리는 머리하고 목까지 깃털로 덮여 있어요. O | X

하이에나
점박이 하이에나

아프리카 사바나 **초원의 청소부**.

• 턱
턱하고 이빨이 튼튼해서 먹잇감에 뼈까지 씹어 먹을 수 있어. 사자나 치타 같은 동물이 사냥해서 먹고 남긴 먹잇감을 주로 먹어. 아프리카 사바나 초원의 찌꺼기를 청소해 주는 청소부야.

• 몸
몸에 난 털이 거칠어. 털색은 노란 회색에 어두운 갈색하고 검은색이고, 둥근 점박이 무늬가 있어.

• 다리
다리는 길고 발가락은 네 개씩 있어. 앞다리가 뒷다리보다 길어서 엉덩이 쪽으로 갈수록 등이 아래로 내려가 있어.

44

🔍 **관찰퀴즈!** 하이에나는 턱하고 이빨이 약해요. ⋯⋯⋯⋯⋯⋯⋯ O | X

자칼
검은등 자칼

나는 개하고 닮은 자칼이야.

● 털
몸에 뒷목부터 등, 꼬리 끝까지 검고 흰 털이 나 있어. 다리하고 옆구리는 황갈색 털이 나 있어.

● 머리
코가 뾰족하고, 귀는 삼각형 모양으로 길어. 개하고 비슷하게 생겼지.

● 생활
굴이나 바위틈에 살아. 토끼, 쥐, 영양을 잡아먹어. 그리고 하이에나처럼 사자나 다른 동물이 사냥해서 먹고 남긴 먹이도 먹어.

🔍 **관찰퀴즈!** 자칼은 귀가 둥근 모양이에요. ········· O | X

나일악어 날카로운 내 이빨을 보렴. 쨔아악~

몸
몸에 단단한 비늘이 덮여 있어서 물가에 살 수 있어.

꼬리
꼬리는 크고 힘이 쎄. 헤엄칠 때는 꼬리를 양 옆으로 흔들면서 앞으로 나가. 먹이를 잡을 때는 꼬리로 균형을 잡아.

다리
물 속에서 헤엄을 치고, 땅에서는 네다리로 기어 다녀. 뒷다리에는 물갈퀴가 있어.

머리  
머리는 삼각형이야. 주둥이는 가늘고 길어. 눈은 동그랗고, 동공은 길쭉해. 이빨은 날카로워서 사냥할 때 먹잇감을 꽉 물고, 먹이를 찢을 수 있어. 물소하고 얼룩말은 좋아하는 먹잇감이야.

🔍 **관찰퀴즈!** 나일악어는 몸에 피부가 약해요. ·············· O | X

침팬지

우리 **악수할까**? 나는 침팬지야.

지능
나는 거울 속에 나를 보고 알아볼 수도 있어. 사람하고 지능이 가장 비슷해.

꼬리
꼬리는 없어. 원숭이는 꼬리가 있지.

손
손에 지문이 있어. 손으로 물건을 잡고 간단한 도구도 쓸 수 있어.

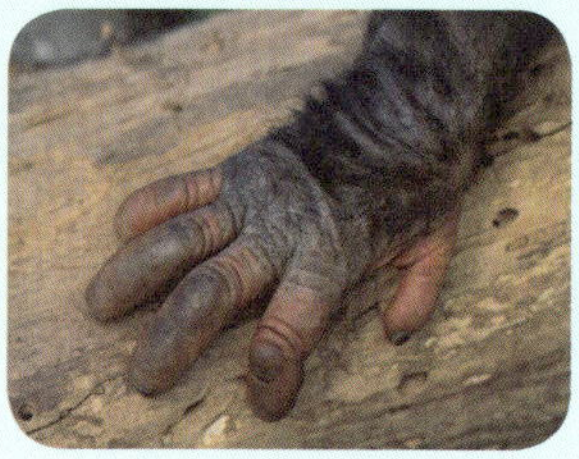

다리
앞다리는 뒷다리보다 길고 발달해 있어. 나무를 잘 타고, 땅에서도 잘 걸어. 걸을 때는 네 발로 걸어 다녀.

🔍 **관찰퀴즈!** 침팬지는 두 발로 걸어요. ·· O | X

고릴라
로랜드 고릴라

화나면 가슴을 두드려, 쿵쾅쿵쾅!

● 머리
머리 정수리가 솟아 있어. 털모자를 쓴 것 같지.

● 몸
몸집이 커. 수컷은 몸길이가 180센티 정도까지 커. 몸무게는 250킬로그램 정도까지 나가. 털은 검은빛을 띤 갈색이야.

● 생활
나무 열매, 나뭇잎, 풀을 먹는 초식동물이야. 덩치가 크고 무섭게 생겼지만 온순해. 하지만 위협을 느끼면 뒷발로 서서 두 손으로 가슴을 두드려.

● 다리
앞다리는 길고, 뒷다리는 짧아. 손과 발은 굵고 튼튼해. 네발로 걸어 다녀.

🔍 **관찰퀴즈!** 고릴라는 머리 정수리가 털모자를 쓴 것처럼 솟아 있어요. ········ O | X

암사자

무리를 위해 **사냥**하고, **새끼**를 낳아 길러.

암사자
나는 암사자야. 수사자 같은 갈기털은 없어. 무리를 위해서 얼룩말이나 물소 같은 먹잇감을 사냥해. 먹이는 수사자가 먼저 먹고, 암사자들하고 아기 사자들이 먹어. 새끼를 낳고, 새끼들이 커서 사냥을 하며 스스로 살 수 있게 길러.

아기 사자
나는 아기 사자. 태어나서 엄마 사자의 젖을 먹고 자라. 곧 걸을 수 있고, 엄마를 따라다닐 수 있게 되면 엄마가 잡아 온 먹잇감 고기를 먹어.

🔍 **관찰퀴즈!** 암사자는 갈기털이 없어요. ·· O | X

생생한 동물 사진이 컬러링북이 되는

똑똑한 색칠공부
동물

개정판 1쇄 출간일 2019년 5월 30일
개정판 2쇄 발행일 2021년 3월 29일

지은이 북링크 학습연구회
펴낸이 강원진
기획 및 편집 이규선, 북링크 학습연구회
표지 디자인 박영미
내지 디자인 및 전산편집 고수영
일러스트 고수영

발행처 북링크
등록 2014년 1월 9일 제 307-2014-2호
주소 서울시 성북구 길음로 33 822-402
전화 070-8774-0944
팩스 02-6228-0944
전자우편 booklink1@naver.com
인쇄 · 제본 아람피앤디

가격 6,500원
ISBN 979-11-966788-2-1 73650

 KC마크는 이 제품이 공통안전기준에 적합하였음을 의미합니다.

· 잘못된 책은 구입한 서점에서 바꿔 드립니다.
· 이 책의 저작권은 북링크와 지은이에게 있으므로, 실린 글과 그림을 무단으로 복사, 복제, 배포하는 것은 저작권자의 권리를 침해하는 것입니다.